RATUS POCHE

COLLECTION DIRIGÉE PAR JEANINE ET JEAN GUION

La classe de 6e contre les troisièmes

La classe de 6e

- La classe de 6e et les hommes préhistoriques
- La classe de 6e tourne un film
- La classe de 6e au Futuroscope
- La classe de 6e découvre l'Europe
- La classe de 6e et les extraterrestres
- La classe de 6e et le monstre du Loch Ness
- La classe de 6e au Puy du Fou
- La classe de 6e contre les troisièmes

© Hatier Paris 2006, ISSN 1259 4652, ISBN 2-218-92316-5

La classe de 6e contre les troisièmes

Une histoire d'Hélène Kérillis
illustrée par François San Millan

HATIER

Les personnages de l'histoire

Le Tondu : petit débrouillard, jamais à court d'idées.
Son passe-temps favori : tout expérimenter.

Crème-Baba : incorrigible gourmande.
Son dessert préféré : le baba à la chantilly.

D'Artagnan : doux rêveur toujours dans la lune.
Sa passion : les animaux.

Double-Dose : porte un gilet bourré de médicaments.
Sa vocation : devenir médecin.

Cocoax : grenouille apprivoisée de D'Artagnan.

C'est dans un musée extraordinaire que la classe de 6e vit une nouvelle aventure. Consacré à l'histoire du XXe siècle, le Mémorial de Caen nous parle de guerre pour mieux nous aider à construire la paix.

1

– Allez, Crème-Baba, grouille-toi !

– Mais… pfff… pfff… je me grouille !

– Si tu te bourrais pas de carambars, tu monterais plus vite l'escalier !

– Mais… pfff… pfff… ça n'a rien à voir !

J'ai le droit d'être gourmande, non ? Ma copine Double-Dose est faite sur un modèle différent du mien : elle est un peu plus sportive, voilà tout ! Et moi, je ne lui fais pas de remarque là-dessus.

C'est la course pour monter au premier étage du collège : on est en retard ce matin. Voilà le genre de plaisanterie qui ne fait pas rire Mme Ygrèk, notre professeur de français. Dans ces occasions, elle distribue facilement une petite feuille rose intitulée *Retenue*. Autrement dit : une heure de punition. Et là, c'est nous que ça ne fait pas rire.

Une fois sur le palier, Double-Dose et moi nous tournons à droite et patatras ! On tombe en plein dedans : une bagarre ! Des grands de troisième bouchent le passage et se renvoient notre copain Le Tondu comme un ballon.

– Sale morveux !

– Ça t'apprendra à nous bousculer, espèce de bouffon !

– Laissez-moi tranquille ! proteste Le Tondu en se débattant.

Je devine ce qui s'est passé : mon copain était en retard comme Double-Dose et moi. Survolté 1
comme il est toujours, il a dû se jeter tête baissée dans les troisièmes qui attendaient leur professeur devant la salle de classe. Un grand brun s'approche, menaçant, casquette vissée sur la tête. Il saisit Le Tondu par le bras et lui jette au visage :

– Dégage, face de rat !

Je suis terrorisée. Une grosse boule monte et descend dans ma gorge et j'ai les jambes toutes molles. Et autour de nous, les grands de troisième continuent de discuter comme si de rien n'était ! Double-Dose, elle, ne se laisse pas impressionner. Un peu plus sportive et… beaucoup plus courageuse, ma copine !

– Lâche-le ! s'écrie-t-elle.

– La ferme, toi, la belette ! répond le grand brun. Tu fais pas le poids.

Je jette un coup d'œil désespéré des deux côtés du couloir. Personne du côté de l'escalier. Et de l'autre côté il y a bien la classe de sixième, mais tout au bout du couloir, trop loin pour nous venir en aide. S'ils ne sont pas rentrés en cours, c'est que Mme Ygrèk est en retard, elle aussi. Ou bien absente. D'habitude, c'est l'explosion de joie quand un professeur n'est pas là. Mais cette fois, je donnerais toute ma réserve de carambars pour qu'elle arrive, et vite !

– C'est une affaire entre mecs, ça regarde pas les belettes ! crie encore le grand brun en poussant ma copine.

– Aaa… arrêtez ! dis-je dans un murmure.

– Laisse-les tranquilles, Karim, dit Rachid.

– Ils sont fatigants, ces mouflets, soupire une fille. Toujours à piailler et à se bousculer.

Incroyable comme ces grands de troisième se croient tout permis ! La fille nous jette un regard de mépris et nous tourne le dos. C'est à peine si j'ai vu son visage, avec ses cheveux qui lui cachent les joues.

– Tu vas voir, Fifi, répond Karim. Je vais leur

Par qui Crème-Baba est-elle terrorisée ?

apprendre à me respecter, à ces morveux.

– Qu'est-ce qui se passe, ici ? tonne une voix qui domine le vacarme.

Aussitôt, c'est le silence. On s'écarte. Voilà Mme Ygrèk, notre professeur de français et Mme Zède, la professeur d'histoire des troisièmes. Ouf, sauvés ! Je n'ai jamais été aussi contente de voir des professeurs arriver. Karim retire sa casquette, prend l'air innocent et s'écrie :

– Rien, m'dame ! C'était pour rire.

Pour rire ? Comment peut-on s'amuser à terroriser les autres ? Il y a vraiment quelque chose qui cloche dans la tête des grands.

– Belette ! Me traiter de belette ! grommelle Double-Dose. J'aime pas les garçons qui s'imaginent que les filles, ça compte pour du beurre !

– Tu perds rien pour attendre, lui répond Karim entre ses dents.

J'avale avec difficulté. Maintenant qu'on s'est fait remarquer, j'ai bien peur que ce Karim ne nous lâche plus aux récréations…

Mme Zède prend en charge sa classe de troisième :

– Comme je disais, on entre en silence !

Double-Dose, le Tondu et moi, nous rejoignons l'autre bout du couloir avec Mme Ygrèk. On l'aime bien. Elle est un peu maman poule avec ses bonnes grosses lunettes rondes, mais elle réussit quand même à impressionner les grands de troisième. Une fois que nous sommes installés à nos tables, Mme Ygrèk annonce :

– Mme Zède et moi-même, nous avons un grand projet. Je…

– Un projet ? Avec qui ? Ça commence quand ? s'écrie la classe.

Mme Ygrèk calme notre enthousiasme bruyant en brandissant ses petites feuilles roses. Quand le bruit est revenu à un niveau acceptable, elle reprend :

– Vous savez que le projet d'établissement pour ce trimestre a pour thème « La paix dans le monde ».

C'est vrai. On a déjà abordé le sujet avec Mme Zède. Mais jusqu'à présent, j'ai l'impression qu'en histoire, on apprend plus les guerres que la paix.

– Cette paix, au lieu de l'étudier dans les livres, on va essayer de la faire, continue Mme Ygrèk.

Vous avez des idées ?

Le débat est lancé. Chacun donne son avis :

– Pour faire la paix, il faut un drapeau blanc !

– Ou alors une colombe, avec un rameau d'olivier.

– L'huile d'olive, ça marche aussi ?

– Moi, mon grand frère, quand il veut avoir la paix, il commence par me mettre une gifle.

– Reposer en paix, c'est pour les morts. S'il faut être mort pour avoir la paix, je préfère être en guerre !

– Si la paix, c'est se faire taper par les plus grands, j'en veux pas !

– Du calme, du calme ! dit Mme Ygrèk. Avec ma collègue Mme Zède, nous avons décidé de tenter une expérience avec vous, tout simplement…

Explications : il s'agit d'associer deux classes.
Les professeurs tireront au sort des tandems qui 2
comprendront un élève de chaque classe. Il faudra s'entendre avec le camarade que le sort nous aura attribué, même et surtout si son caractère et ses goûts sont à l'opposé des nôtres.

– La paix commence de cette façon, tout simplement, avec son voisin le plus proche. Si vous n'y arrivez pas, comment pourra-t-on faire la paix dans le monde ?

– Faire la paix... C'est bien une idée de professeur ! murmure Le Tondu. On voit qu'ils ne savent pas ce qui se passe, en vrai.

Il a raison. Je songe à la bagarre de tout à l'heure dans le couloir. Les professeurs passent, ça se calme en apparence et dès qu'ils ont disparu, la guerre fait rage à nouveau. Au collège, la paix n'est qu'une illusion pour grandes personnes.

Au moment où le cours se termine, Mme Ygrèk nous donne rendez-vous après la cantine pour procéder au tirage au sort des tandems. Pourvu que je tombe avec quelqu'un de sympa ! Par exemple une fille avec qui je puisse échanger quelques recettes : babas à la chantilly, beignets, gâteaux au chocolat...

– Arrête de rêver ! s'écrie Double-Dose. C'est pas un concours gastronomique.

– Dommage ! dis-je en soupirant.

Ah, s'il y avait des cours d'art culinaire ! Je suis sûre que j'aurais d'aussi bonnes notes sur mon bulletin que Double-Dose en mathématiques.

Mme Ygrèk ajoute une dernière précision. Et

toutes mes espérances sont balayées d'un coup. Comme celles de mes copains, d'ailleurs.

– Les deux classes associées, dit notre professeur, sont votre classe de sixième et la classe de Mme Zède.

– Catastrophe ! dis-je. Ce sont des troisièmes !

2

Gros soupir après la cantine. Pas parce que le repas nous a rassasiés. Parce qu'il faut aller au rendez-vous fixé par Mme Ygrèk, pour savoir à quelle sauce on sera mangé, c'est-à-dire avec quel élève de troisième on sera mis en tandem.

– Ces maudits troisièmes vont nous pourrir la vie pendant un trimestre entier, soupire Le Tondu.

– On va pas se laisser faire ! répond Double-Dose en serrant les poings. S'ils veulent la guerre, ils l'auront !

Eh bien, ça promet ! La colombe de la paix a du plomb dans l'aile !

Le seul qui passe tranquillement à travers toutes ces turbulences, c'est D'Artagnan, notre grand copain toujours dans la lune. Pendant les cours, il ne retient que ce qui concerne sa passion : les animaux et la nature. Le tout arrangé à sa façon. Aujourd'hui, cela donne :

– Tu crois qu'on va mettre Cocoax en tandem avec une colombe ?

Il s'inquiète pour sa grenouille apprivoisée à laquelle il tient par-dessus tout.

– Si les colombes mangent les grenouilles, on est en route pour la troisième guerre mondiale ! s'exclame Le Tondu en pouffant de rire.

– Coa ! Coa ! lance Cocoax, en s'accrochant, terrifiée, au cou de D'Artagnan.

– C'est malin, tu vas me la traumatiser ! proteste-t-il.

Dans la salle de réunion, Mme Ygrèk et Mme Zède accueillent les élèves. Quand nous entrons, les sixièmes sont regroupés d'un côté, les troisièmes de l'autre. Pas de mélange. L'atmosphère est glaciale. Le projet d'établissement ressemble à l'hiver sibérien. Sur une table sont posées deux boîtes remplies de petits papiers pliés en quatre : le matériel pour le tirage au sort.

– Tout le monde est là ? demande Mme Ygrèk. Je crois qu'on peut commencer.

– Avant la constitution des tandems, nous avons quelque chose à vous annoncer, dit Mme Zède.

– Qu'est-ce qu'elles ont encore inventé ? soupire Le Tondu. Ça leur suffit pas comme désastre, cette histoire de tandems ?

– Pour faire la paix, nous pensons qu'il faut se connaître. Alors nous vous emmenons en voyage, tout simplement ! Les deux classes ensemble.

– Oui, ce sera une sortie pédagogique en Normandie, pour visiter le Mémorial de la Paix à Caen.

– Je retire ce que j'ai dit, murmure Le Tondu avec un sourire.

– La situation n'est pas si désespérée, dis-je, un peu rassurée.

Dans la salle, il y a un léger mieux. Un voyage, c'est toujours bon à prendre. Et la menace des récréations gâchées à cause des troisièmes s'éloigne pour un temps. Mme Ygrèk ajuste ses lunettes et tire un premier papier. Mme Zède fait de même. Les classes retiennent leur souffle. Quand les deux noms sortent, chacun se lève pour dévisager son coéquipier. Le Tondu est avec Léa, une fille qui tourne la tête vers lui, avec une certaine lenteur.

– Ma parole, elle fonctionne au ralenti ! siffle Le Tondu entre ses dents.

Un survolté avec une fille calme, ça risque de poser des problèmes de rythme ! D'Artagnan est tiré au sort avec un dénommé Flip, blouson de cuir et clé de scooter en évidence à la ceinture. À ses ongles noircis, je devine qu'il passe le plus clair de son temps dans le cambouis des moteurs. Un passionné d'animaux avec un amateur de mécanique, ça va pas être facile non plus… Moi, je tombe avec Fifi, la fille aux longs cheveux qui méprise les mouflets. En entendant mon nom, elle lève les yeux au ciel. Reste Double-Dose. Mme Ygrèk vient de l'appeler. Mme Zède déplie à son tour un papier. Et c'est le bouquet. À haute voix, elle annonce :

– Karim !

La paix, c'est pas gagné ! Le car qui nous conduit en Normandie vient de quitter le parking du collège et malgré tous les efforts de Mme Ygrèk et de Mme Zède, les tandems s'ignorent royalement. Les troisièmes occupent le fond du car et les sixièmes sont assis devant.

– Ça commence bien, soupire Mme Zède.

– On verra plus tard, répond Mme Ygrèk, optimiste.

Il est vrai qu'au moment du départ, ça s'est mal passé sur le parking du collège. Flip a

tourné le dos à D'Artagnan qu'il appelle « le demeuré avec son batracien », Karim a mis le bazar 3
dans les bagages des filles en les traitant de belettes, malgré les tentatives de Rachid pour calmer son copain. Le Tondu a pris son courage à deux mains en allant voir Léa. Comme d'habitude, il a mis au point une nouvelle invention qu'il tenait absolument à faire admirer. À toute allure, il a manipulé un boîtier gros comme une savonnette en débitant ses explications :

– Tu appuies là, tu tournes la molette comme 4
ça, tu cliques ici, tu réappuies là et là et tu lis le résultat.

Avec ses grands yeux calmes, Léa a regardé Le Tondu sans un mot. Puis elle s'est éloignée.

– Quelle gourde ! a dit Le Tondu.

Moi, j'ai tenté un rapprochement avec Fifi en lui proposant un carambar.

– Sale mouflette, t'avise pas de poser tes pattes pleines de sucreries sur mon beau pull tout neuf !

Si c'est pas la guerre, c'est bien imité…

Maintenant que le paysage défile à la fenêtre du car, je demande au Tondu :

– C'est quoi, ton invention, cette fois ?

– Un appareil à détecter l'agressivité : quand l'aiguille monte dans le rouge, c'est que les tendances guerrières sont en hausse. Suis-moi, Crème-Baba !

Le Tondu m'entraîne vers l'arrière du car. Quelques troisièmes se dressent, menaçants. L'aiguille quitte la zone verte.

– Asseyez-vous immédiatement ! crie Mme Zède.

Nous retournons vite à notre place. Je demande au Tondu le nom de son invention.

– C'est un waromètre ! Quand les chefs se 5
réunissent au sommet, il suffirait d'en mettre un et on serait tout de suite fixé : viennent-ils réellement pour faire la paix ou cachent-ils de mauvaises intentions ?

Je me demande si ce ne serait pas plus efficace d'inventer une machine à raccommoder les gens fâchés, une sorte d'appareil à faire la paix. J'ai déjà le nom : peace-maker ! 6

Quand nous descendons du car, les professeurs nous obligent à nous mettre en tandem. Prudemment, je m'approche de Fifi. Rien qu'à son regard, je devine que le waromètre du Tondu bondirait

•••••

Qu'est-ce que Flip observe avec admiration ?

dans le rouge ! Je laisse donc une distance de sécurité entre elle et moi et je me tourne vers la façade du Mémorial de la Paix. Derrière une forêt de drapeaux montés sur des mâts métalliques, se dresse un mur long comme une falaise, entaillé par une brèche de verre. C'est par là que nous entrons. Et nous nous retrouvons dans un hall immense et lumineux.

– Waouh ! T'as vu l'avion ? s'exclame Flip, les yeux brillants. C'est un Typhoon !

Avec son hélice à trois pales, un chasseur bombardier grandeur nature semble descendre du ciel et piquer sur nous. Au plafond tendu de toile, la lumière varie du jaune au bleu, comme si l'avion passait entre les nuages. Impressionnante mise en scène. Flip admire les détails, les clignotants sur les ailes, la cocarde bleu blanc
rouge, les roquettes fixées sous les ailes, la vitesse 7
de pointe à 664 km/h… Tous les engins motorisés le passionnent.

Avec enthousiasme, il déclare à D'Artagnan :

– Ça, c'est de la mécanique !

– C'est pas fait pour les grenouilles. Cocoax aurait le mal de l'air.

– Pauvre naze ! jette Flip, méprisant.

Pendant que les professeurs prennent les billets, je me promène dans le hall, le plus loin possible de cette prétentieuse de Fifi. C'est le seul moyen pour manger un carambar sans m'attirer des remarques désagréables. Sur les murs du hall, de grandes lettres en relief proclament :

1939-1945 : 50 millions de victimes.

Et après ça, les adultes veulent nous donner des leçons… Au moins, une chose est claire : la guerre entre les sixièmes et les troisièmes ne fera pas autant de dégâts !

– Un mémorial de la paix qui commence par la guerre, c'est louche ! me glisse Le Tondu.

– On se rassemble ici, comme je disais ! répète Mme Zède.

Les deux classes se retrouvent au pied d'un mur de béton cylindrique. Nous entrons à l'intérieur par une ouverture pratiquée sur le côté. Le sol est recouvert de plastique noir. Les parois sont rugueuses, sombres. Seule note de couleur : une rambarde rouge sang qui nous sépare d'une sphère représentant la Terre. Je foule aux pieds une inscription incrustée dans le sol : *La faillite de la paix*. Ça commence bien ! J'en ai déjà froid dans le dos… Et la descente en spirale commence autour de la sphère. Photos et affiches surplombent un bandeau qui donne les dates clés :

1922. Mussolini au pouvoir en Italie.

Il paraît que c'était un dictateur. Eh bien, je peux vous dire que la dictature, elle commence à côté de moi avec Fifi ! Elle me lance des regards méprisants tout en vérifiant que son joli pull tout neuf n'a pas souffert du voyage. Moi, j'ai les mains crispées dans mes poches sur mes carambars et je n'ose pas en sortir un seul à cause d'elle.

1929. Effondrement de la Bourse en Amérique.

Des flèches lumineuses clignotent dans le noir, nous éclaboussant de rouge. Cocoax ouvre des yeux démesurés. Sur sa peau verte, la lumière rouge fait comme des taches de sang.

– N'aie pas peur, c'est pas pour de vrai ! lui dit D'Artagnan.

– Ras le bol de ta bestiole, grogne Flip. Si ça continue, je vais te la faire bouffer, ta grenouille !

Je vois Karim tourner sa casquette et faire un signe à Flip. Ils préparent sûrement un mauvais coup. Mais quoi ?

1932. 12 millions de chômeurs aux USA.

1933. Hitler au pouvoir en Allemagne.

Les dates s'égrènent, la course à la guerre

s'accélère. Et dans les rangs, l'agitation monte d'un cran entre les sixièmes et les troisièmes. Karim, bousculé, se venge en distribuant quelques coups de poings. À Double-Dose qui proteste, il répond :

– T'as intérêt à t'écraser ! C'est les mecs qui font la loi, pas les belettes !

– La loi du plus fort, c'est la loi du plus bête ! répond ma copine du tac au tac.

Le Tondu et D'Artagnan se précipitent pour défendre Double-Dose. La file des élèves se transforme en champ de bataille tandis que s'affiche la date suivante :

1939. Déclaration de guerre.

On est en bas du cylindre, dans une salle toute
noire où les veilleuses jettent de rares lueurs.
Nos cris sont couverts par une bande-son
assourdissante : vociférations d'Hitler déformées 8
par une chambre d'écho, rugissement des engins
militaires, bruits de bottes sur les pavés. Des
soldats défilent sur des écrans en écrasant tout
sur leur passage, des sirènes d'alarme hurlent,
Mme Ygrèk et Mme Zède s'époumonent. 9
Comme mes copains, je me débats dans la
bousculade. Brusquement, un éclair troue

l'obscurité, les veilleuses clignotent et s'éteignent dans un grésillement bref. C'est le noir. Au milieu du vacarme, je distingue alors le cri de D'Artagnan :

– Au secours ! Karim et Flip ont enlevé Cocoax ! À l'aide !

3

– Du caaaalme… Tououout siiiiimplement…

– Cooooomme je diiiisais…

Les voix déformées des professeurs s'éloignent et se perdent dans le lointain tandis que je me sens entraînée dans un grand trou noir. J'ai l'impression d'être malaxée dans un immense mixer où tout tourne à une vitesse vertigineuse. Des scènes se mélangent : groupe de gens massés devant une affiche *Mobilisation générale*, extincteur rouge, écoliers apprenant à se servir d'un masque à gaz, explosion, soldats cachés dans une tranchée, affiche proclamant : *La nuit, une bougie se voit à trois kilomètres.*

Soudain, le tourbillon s'arrête. J'entends un crissement de pneus sur le gravier, et je me retrouve dans la rue, en pleine nuit, à côté d'une bicyclette qu'on vient d'abandonner contre un mur. Au ras du trottoir, un soupirail. Au-dessus, en lettres grossièrement peintes, une inscription s'étale sur le mur : *Laval au poteau.* Où suis-je ?

Où sont mes copains ? Je n'ai pas le temps de respirer qu'on m'attrape brusquement par derrière. Une main se plaque sur ma bouche. Mon agresseur recule dans le mur, où la porte d'une grange vient de s'ouvrir. J'ai beau me débattre, impossible d'échapper à cette poigne de fer.

– Pas un mot ! me murmure une voix à l'oreille. C'est une question de vie ou de mort !

Je cesse de résister. Inexplicablement, je sens
qu'on ne me veut pas de mal, que le danger est le
même pour moi et pour mon agresseur. J'écoute
de toutes mes oreilles. Boum ! Boum ! Boum !
D'abord, je n'entends que cela, mon cœur qui
bat comme un fou. Puis je devine autour de moi
des respirations oppressées. Combien sommes- 11
nous là, entassés dans le noir ? Soudain, c'est de
l'extérieur que vient le bruit. Ça enfle de plus en
plus. Ça résonne comme si des dizaines de gens
frappaient le sol en cadence avec des bâtons. En
même temps que mon agresseur, je jette un coup
d'œil entre les planches de la porte. À la lueur
vague de la lune, j'aperçois un spectacle hallu-
cinant : des hommes en uniforme défilent, sans
un mot, à grands bruits de bottes, comme des
machines parfaitement synchronisées. Quand la 12

Quel détail Crème-Baba remarque-t-elle sur les uniformes ?

dernière rangée de soldats passe, je vois reluire un détail terrifiant sur leur uniforme : la croix gammée des nazis ! J'en ai les cheveux qui se 13
dressent sur ma tête.

C'est le moment que choisit le vélo mal calé contre le mur pour glisser à terre, dans un épouvantable bruit de ferraille. Aussitôt, des ordres fusent, les soldats se mettent à courir, se postent en position de tir, pointent leurs armes sur tous les côtés de la rue à la fois. Et sur la porte ! La main sur ma bouche se crispe. J'ouvre des yeux démesurés. Mes poumons se bloquent. Un faisceau lumineux se met à balayer la scène, passe sur le vélo, remonte jusque sur la porte. Si jamais il prend l'envie aux soldats de l'ouvrir à coups de pieds, nous sommes perdus.

Soudain, j'entends un petit flop ! flop ! flop ! qui s'éloigne. Puis venant du dehors, une voix que je reconnais bien :

– Coa ! Coa ! Coa !

Cocoax ! Elle a dû passer par le soupirail au bas du mur. Elle fait diversion. Vive Cocoax ! Et vive D'Artagnan ! On devrait le prendre plus souvent au sérieux, bien qu'il soit toujours dans la lune. Il a raison quand il affirme que les grenouilles sont des êtres pensants, la preuve ! Le faisceau lumineux quitte la porte et découvre ce qui est censé avoir fait tomber la bicyclette : une grenouille. La patrouille reforme les rangs, et le martèlement reprend, en s'éloignant cette fois. Ouf ! Sauvés !

Dans le noir, j'entends d'autres soupirs de soulagement. Sans doute mes copains. La main plaquée sur ma bouche se relâche. Une voix d'homme murmure sur un ton de reproche :

– On l'a échappé belle ! Vous avez bien failli me faire repérer. En vélo dans les rues à cette heure, vous êtes fous !

L'homme ouvre complètement la porte, ramasse la bicyclette et la rentre à l'intérieur.

– Et maintenant, suivez-moi !

À tâtons, nous nous accrochons les uns aux autres. Il y a D'Artagnan puisque Cocoax est là. Et probablement aussi Karim et Flip, par la faute de qui tout est arrivé. En tout cas, personne ne proteste. Le défilé des soldats allemands nous a rendus muets. C'est plus efficace que les feuilles roses de Mme Zède ou de Mme Ygrèk ! Nous nous frayons un passage à travers des pelles, des fourches, des râteaux. L'homme qui nous précède monte quelques marches et pousse enfin une porte. Nous entrons dans une cuisine qu'une petite lampe avec abat-jour éclaire à grand peine. De la grange émergent les uns après les autres : D'Artagnan, qui déclare Cocoax héroïne du jour ; Flip, qui doit se rendre compte de sa responsabilité, car il danse d'un pied sur l'autre, mal à l'aise ; Double-Dose, qui examine les lieux avec curiosité ; Karim, qui a mis sa casquette à l'envers pour frimer. Notre kidnappeur la lui fait sauter d'un revers de main en déclarant :

– On se découvre à l'intérieur, surtout devant une dame.

Karim n'ose pas protester. L'homme est suffisamment costaud pour que le grand de troisième file doux. Il a trouvé son maître. Quant à la 14
dame en question, elle s'appelle Mado.

– Jean-Jean ! Te voilà enfin ! dit-elle en accueillant celui qui doit être son mari. J'ai entendu la patrouille… J'ai eu la peur de ma vie. Et que font ces enfants avec toi ?

– J'en sais rien ! Ils ont déboulé dans la nuit, deux sur un vélo, les autres à courir derrière. Et pas discrètement ! J'ai cru qu'ils allaient ameuter la garnison entière.

Dans la pièce, la lampe ne donne qu'une faible lumière, les volets sont fermés, les rideaux tirés, un carton est coincé sur la vitre qui surplombe la porte donnant sur la rue, comme pour empêcher la moindre lueur de filtrer au-dehors. Double-Dose s'étonne :

– Pourquoi ces précautions ?

– C'est à cause du couvre-feu, répond Mado.

– Le couvre-feu ?

– C'est la guerre, on n'a pas le choix ! dit Jean-Jean. Après dix heures, on n'a plus le droit de garder les lumières allumées.

– Quelle guègué… Quelle guerre ? dis-je en tremblant.

Mais Mado s'adresse à Jean-Jean :

– Et ta mission ?

– Tais-toi ! Ces gamins, on ne sait pas d'où ils sortent ni pourquoi ils traînent dans le coin.

Quelque chose m'échappe. Depuis le défilé dans la rue, j'ai une impression d'irréalité. Même cette cuisine a quelque chose d'étrange : un garde-manger, une huche à pain, une cuisinière à bois… Ni réfrigérateur, ni cuisinière à gaz. Pas même une cafetière électrique ou un grille-pain. Quant à Mado, elle est coiffée d'une façon bizarre, avec des ondulations retenues au-dessus de ses oreilles par des peignes. On se croirait dans un vieux film.

Brusquement, Double-Dose me pousse du
coude. D'un mouvement de tête, elle me désigne
un calendrier accroché à un clou du mur, à côté
de l'évier. Les jours passés sont barrés d'un trait
de crayon. L'année est indiquée à côté du mois.
Quand les données entrent dans mon cerveau,
je sens mes jambes flageoler devant l'incroyable, 16
l'inimaginable réalité : nous sommes le 6 juin
1944 !

4

Le cadre du temps vient d'exploser. Et tous mes repères avec. J'ai l'impression que dans ma tête, quelque chose va craquer. C'est peut-être ce qui se passe quand on devient fou ? Je me tourne vers Double-Dose. Comment fait-elle pour garder son sang-froid ? Comment fait-elle pour aligner deux idées logiques dans ce méli-mélo temporel ? Car ma copine s'adresse calmement à Jean-Jean et à Mado :

– D'où nous venons, ce serait trop long à vous expliquer. Mais ce que nous pouvons vous assurer, c'est que nous sommes de votre côté. On n'est pas des collabos !

– Qu'est-ce qui nous le prouve ? demande Jean-Jean, méfiant.

– C'est quoi, des collabos ? s'inquiète notre copain D'Artagnan.

– Coa ? Coa ? ponctue Cocoax.

– On est en pleine Seconde Guerre mondiale, nous explique Double-Dose. Les collaborateurs, ce sont des Français qui coopèrent avec les occupants allemands. Jean-Jean et Mado, eux, sont du côté de la Résistance.

– Vous faites partie des FFI ? demande Flip, qui a l'air de s'y connaître en histoire.

– FFI, c'est un club ? interroge D'Artagnan. Formation des Footballeurs Imbattables ?

– Mais non, ça veut dire Forces Françaises de l'Intérieur, répond Flip. Donc, l'autre côté, ce sont les nazis et leur chef Hitler.

– Ah, j'ai compris ! déclare D'Artagnan avec un grand sourire.

D'Artagnan qui comprend du premier coup ? Ce n'est pas normal. Mais immédiatement, il ajoute :

– Il est drôlement bien fait ce Mémorial de Caen, on se croirait en plein dans la guerre !

Notre discussion ne rassure pas nos hôtes. Au contraire. Mado et Jean-Jean nous regardent de travers. Alors Double-Dose se tourne vers Karim et Flip.

– Ça vous dit quelque chose, le 6 juin 44 ? La Seconde Guerre mondiale, c'est au programme de troisième, pas de sixième !

Karim ouvre la bouche, mais aucun son n'en

sort. Il triture bêtement sa casquette. On dirait qu'il est interrogé par Mme Zède et qu'il n'a pas appris sa leçon. Flip a dû mieux écouter. Il récite :

– Le 6 juin 1944… Débarquement en Normandie… Nom de code… Euh… Overlord. Dirigé par l'Américain Eisenhower. Et euh… Montgomery dirige les forces terrestres… Euh… Les soldats doivent débarquer à Sword beach, Juno beach, Omaha beach, Utah beach et… et… j'ai oublié le reste !

Si Mme Zède était là, elle serait très fière de voir que ses cours d'histoire servent réellement à quelque chose. Mado et Jean-Jean se regardent, stupéfaits. Car ce qui vient d'être révélé, c'était sûrement des informations top secret le 6 juin 1944 !

– Co… comment savez-vous ça ? s'étonne Mado.

– Vous… vous faites partie d'un réseau ? demande Jean-Jean.

– C'est Mme Zè… commence Flip.

Double-Dose lui lance une bourrade. Flip se reprend et dit d'une voix assurée :

– De Gaulle.

C'est le nom du général qui a quitté la France

vaincue afin d'organiser la Résistance contre les nazis, à partir de l'Angleterre. Ce nom a le pouvoir d'établir la confiance. Cette fois, Jean-Jean et Mado nous serrent la main. Ils font bien partie de la Résistance. Mais s'ils savent qu'une grande offensive va avoir lieu, ils n'en connaissaient ni le lieu précis, ni les détails. Car chaque membre du réseau ne connaît qu'une parcelle de la vérité. Ainsi, en cas de capture par
l'ennemi, il est impossible de démanteler tout le 17
réseau. La mission de Jean-Jean, cette nuit, consistait à faire sauter des lignes de chemin de fer. C'est tout ce qu'il savait de l'opération. Maintenant, il comprend qu'il s'agit d'empêcher les renforts allemands de parvenir jusqu'aux côtes afin que le débarquement soit un succès. Il rentrait de son expédition nocturne quand le vélo portant Flip et Karim lui était passé sous le nez, filant droit sur la patrouille. Il avait réussi à les arrêter à temps.

Mado ouvre un placard et saisit une énorme boîte de conserve. Des petits pois. Enfin ! On va sceller notre entente par un repas. C'est vrai que les émotions, ça creuse ! Et j'aurais préféré des nouilles, mais bon. À la guerre comme à la guerre, c'est le cas de le dire ! Mado retire le couvercle et penche la boîte. Elle ne va tout de même pas renverser le contenu sur la table ? Mais si ! Et ce sont des haricots secs qui se répandent sur la nappe. Beurk ! Il n'y a vraiment rien d'autre au menu ? Mado repose la boîte, plonge la main à l'intérieur et soudain, une voix sort de la boîte ! Une voix à demi couverte par les parasites. C'est une radio ! Mais quelle drôle de cachette !

– Il est interdit de posséder une radio, mais c'est le seul moyen d'avoir des nouvelles, explique Mado. On écoute les messages personnels diffusés par la BBC, la radio anglaise.

– C'est de cette façon que chaque réseau sait quelle est sa mission, explique Jean-Jean.

La radio grésille et malgré le brouillage des ondes par l'ennemi, on distingue des phrases étranges, derrière lesquelles se cachent des ponts à faire sauter, des voies ferrées à couper, des lignes téléphoniques à saboter :

– La cafetière restera au placard… Grand-mère a retrouvé son caniche… La Samaritaine ne vend plus de parapluies…

Nous sommes tous à l'écoute de cette longue énumération quand soudain, un bruit nous fait sursauter : un choc métallique suivi de grognements. Vive comme l'éclair, Mado ramasse les haricots secs, les fourre dans la boîte et remet le couvercle. À nouveau du bruit. Comme si on raclait le sol avec un objet métallique.

– Ça vient de la grange ! s'écrie Jean-Jean.

Des gouttes de sueur perlent sur son front. Ne pas respecter le couvre-feu est une faute. Mais posséder une radio est un crime bien plus grave. Si le poste a été repéré, nous risquons gros. Il faut absolument faire diversion, pour entraîner d'éventuels espions sur une fausse piste.

– Vite, les cartes ! s'écrie Mado.

Elle ouvre un tiroir, sort un jeu, jette quelques cartes à chacun, tout en nous disant :

– Vous êtes nos neveux et nièces. Votre école a été bombardée à Calais. Vous êtes réfugiés ici. Je coupe à carreau.

– Pique ou trèfle ? J'hésite, dit D'Artagnan.

– Mais joue, nom d'un chien ! s'écrie Double-Dose.

– C'est que… mon jeu n'est pas très bon…

Dans la grange, le bruit a cessé. Y a-t-il quelqu'un qui nous espionne ? Depuis combien de temps ? Si les Allemands ont entendu ce qu'a

Où Mado et Jean-Jean cachent-ils leur poste de radio ?

dit Flip, ils détiennent des informations qui vont leur permettre de contrer les Alliés. Par notre faute, le débarquement risque d'échouer ! C'est épouvantable ! Mais alors, on frappe timidement à la porte de la grange. Des voix étouffées s'écrient :

– Y'a quelqu'un ?

– On peut entrer ?

Jean-Jean ouvre la porte. Immense soulagement. Ce ne sont pas des soldats allemands qui émergent de la grange. L'un après l'autre, les cheveux défaits, les vêtements déchirés et salis, apparaissent Le Tondu, Léa et Fifi.

– Euh… Désolés pour le vélo. On l'a pas vu dans le noir… On a trébuché dessus et…

– Mais c'est une véritable colonie de vacances ! s'écrie Mado.

Que Le Tondu nous ait suivis, ça ne m'étonne pas. Il adore les aventures. Léa a dû vouloir rester en tandem. Par contre, je suis surprise de voir Fifi. Elle qui tenait tant à son beau pull neuf ! Il est tout abîmé maintenant. Et ses cheveux pendent lamentablement, cachant plus que jamais son visage. Comment se fait-il qu'elle se soit lancée dans une escapade aussi salissante ?

Apparemment, il y a quelque chose, ou plutôt quelqu'un à qui elle tient plus qu'à son pull : c'est Flip. À la façon dont elle le regarde, je devine qu'elle est amoureuse. Je ne suis peut-être qu'une mouflette, mais j'ai l'œil pour les histoires de cœur. De son côté, Flip ne lui jette pas un regard. Il ne semble même pas remarquer qu'elle existe. Tiens, tiens… Ça me donne une idée pour que Fifi ne me traite plus de mouflette. Il faudra que je choisisse le bon moment…

– On a essayé de vous rattraper, mais on vous a perdus dans les souterrains ! explique Le Tondu.

Nos trois copains racontent comment ils ont erré dans des galeries interminables, tantôt des carrières abandonnées, tantôt des couloirs entretenus avec çà et là des plafonniers qui diffusaient un peu de lumière.

– Et on a bien failli se faire prendre ! dit Fifi d'une voix qui tremble.

– Oui, mais grâce au waromètre, on s'en est sorti ! proclame fièrement Le Tondu.

– Se faire prendre ? Par qui ? Waro… quoi ? Je ne comprends rien à ce qu'ils racontent ! s'écrie Mado.

Tout heureux qu'on s'intéresse à ses bricolages,

Le Tondu commence à expliquer le fonctionnement de son appareil, à toute vitesse, comme d'habitude. Mais Jean-Jean lui coupe la parole.

– Les carrières ? C'est là que les Boches ont installé leur quartier général !

– Les Boches ? je demande.

– C'est comme ça qu'on appelle les Allemands. dit Mado. Alors, qu'avez-vous vu ?

Léa explique les choses calmement. Elle raconte comment, perdus dans le noir, ils se sont dirigés vers une salle éclairée par une veilleuse.

– Horrible ! murmure Fifi. C'était une réserve à munitions. Il y avait des obus entassés jusqu'au plafond !

– Voilà une information à transmettre aux membres du réseau, dit Jean-Jean. Qu'est-ce que vous avez vu d'autre ?

– Après, on est entré dans une salle avec un central téléphonique, puis dans une salle des cartes…

– C'était affreux ! dit encore Fifi. Il y avait des croix gammées partout !

– J'ai repéré un numéro sur plusieurs documents, le 716, dit Léa.

– 716e… C'est la division d'infanterie allemande qui est stationnée non loin d'ici ! s'écrie Jean-Jean.

– Et tandis qu'on était dans la salle des cartes, le waromètre est passé au rouge ! s'écrie Le Tondu. Les Allemands arrivaient ! On a pris la fuite.

– On a foncé au hasard dans le noir, complète Léa.

– On a rampé dans des boyaux, dit Fifi avec une grimace de dégoût, on s'est glissé dans des fissures et nous voilà…

Mado et Jean-Jean sont stupéfaits.

– Les carrières abandonnées, on les connaît… Et vous dites qu'elles communiqueraient avec notre grange ?

– Et avec le quartier général allemand ? C'est impossible ! Inimaginable ! À moins que vous ne possédiez le don de passer à travers les murs !

C'est encore plus difficile à imaginer qu'ils ne croient : c'est à travers le mur du temps que nous avons dû passer ! Jean-Jean remet les explications à plus tard : il faut transmettre le maximum de renseignements à la Résistance.

– Les Allemands… La Résistance… murmure Léa. Vous voulez dire que…

Double-Dose lui montre le calendrier. Léa ne

crie pas. Elle ne s'affole pas. Elle ouvre juste un peu plus grand les yeux. Puis elle se tourne vers Mado et Jean-Jean.

– Bon. Il faut que je vous dise… J'ai vu autre chose… C'est peut-être important. Dans la salle du central téléphonique, il y avait une machine bizarre : une boîte en bois avec un clavier, comme une machine à écrire et des petites bobines qui tournent.

– Une machine Enigma ! s'écrie Jean-Jean. 18

– C'est pour poser des devinettes ? demande D'Artagnan.

– C'est une machine pour coder les messages, répond Jean-Jean. Les Allemands l'utilisent pour communiquer entre eux. Si nous connaissions le contenu de leurs derniers échanges, ce serait un avantage immense pour les Alliés.

Alors Léa nous étonne tous, et Le Tondu ne songe plus un instant à la traiter de grande gourde. Car sous sa lenteur, elle cache une mémoire prodigieuse. Elle dicte une série de chiffres que Mado s'empresse d'écrire : 1506 45 7819 51 716 12 2510 224 3678 12…

Puis Jean-Jean plonge la main dans la huche à pain et en retire un cahier d'écolier. C'est le

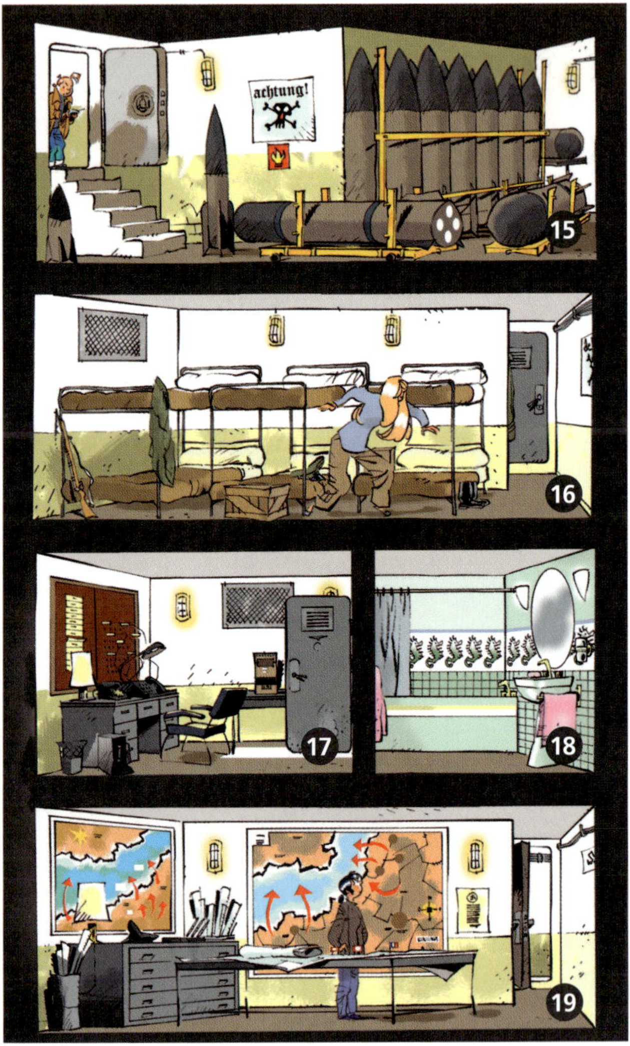

Dans quelles salles les trois héros sont-ils passés ?

secret du code Enigma. Les chiffres s'étalent avec leur traduction à côté. Par exemple 7819 signifie « ennemi ». Le message décrypté donne : horizon dégagé – pas d'ennemi en vue – 716e division en réserve – suit l'état du stock de munitions disponibles.

– Parfait ! dit Jean-Jean. Ils ne s'attendent pas au débarquement. Les Alliés vont profiter de l'effet de surprise. Quant aux informations sur la 716e division et sur les stocks, je vais les transmettre au chef de réseau.

Il décroche une veste sombre, un béret noir et s'apprête à partir lorsqu'un bruit sourd nous paralyse : quelque chose est tombé sur le toit. Des tuiles dégringolent et se brisent sur le sol avec un bruit de verre cassé. Le tout est suivi par la chute d'un corps lourd sur le trottoir. Et immédiatement, on tambourine à coups précipités sur le volet.

5

Les coups résonnent sur le bois. Dans la cuisine, il y a un silence de mort. Je suis comme pétrifiée, incapable de faire le moindre mouvement. Les horreurs que j'ai entendu raconter sur la guerre prennent un sens tragiquement réel : arrestation… déportation… camps de la mort… Cela peut-il m'arriver en vrai ?

– Filons ! s'écrie Karim, la main sur la porte de la grange.

Mais personne ne bouge. Chacun retient son souffle. On dirait que le temps s'est arrêté. À cet instant, les coups cessent et on entend une voix oppressée crier à travers le volet :

– Help ! Help !

Alors Jean-Jean se précipite vers la fenêtre. Il fait signe à Mado. Elle jette un chiffon sur la lampe pour en voiler l'éclat. Il écarte alors les rideaux, ouvre la fenêtre, mais pas les volets. Derrière, quelqu'un respire bruyamment, comme à bout de souffle.

– Qui va là ? demande Jean-Jean.

– British Airborne Division ! Help ! Au secours !

– Un parachutiste anglais ! murmure Mado. Ouvrons vite !

En un clin d'œil, Jean-Jean fait jouer la
fermeture et pousse le volet. Un homme en
uniforme kaki surgit de la nuit, enjambe l'appui 19
de la fenêtre et atterrit dans la cuisine, tandis
qu'un enchevêtrement de sangles reste encore 20
dehors. À gestes rapides, Jean-Jean et Mado
tirent sur les sangles. La toile du parachute suit
et s'étale sur le sol de la cuisine en une énorme
tache blanche. Immédiatement, le volet et la
fenêtre sont refermés, les rideaux tirés. Si les
Allemands ont repéré le parachutage, il faut
absolument tout faire disparaître avant qu'ils
n'aient le temps de se rendre sur place. L'Anglais
se dégage de son harnais, rajuste son casque, tire 21
une boussole d'une de ses poches.

– Help ! répète-t-il. Pégasus Bridge ! Where is it ? It's D-Day !

– Didè, c'est son nom ? demande D'Artagnan.

– D-Day, ça veut dire le Jour J, répond Jean-Jean. Ce parachutiste est sans doute le premier homme du débarquement !

– Et Pégasus ? Qui c'est celui-là ? demande Le Tondu.

– Un cheval ailé, d'après la mythologie grecque, répond Double-Dose. Mais qu'est-ce qu'il vient faire dans la Seconde Guerre mondiale ?

– Pégasus, c'est un pont, explique Mado.

– Je vous y conduis ! dit Jean-Jean au parachutiste.

Les deux hommes quittent la maison et disparaissent dans la nuit. Moi je me demande comment un cheval peut se transformer en pont.

– Pegasus Bridge, c'est le pont de Bénouville, explique Mado. Je pense que si les Alliés le tiennent, ils pourront faire passer leurs chars ! Et empêcher les renforts allemands d'approcher des plages du débarquement. Peut-être enfin verrons-nous la fin de cette guerre interminable !

Elle pousse un immense soupir. Sur son visage, je lis l'angoisse, la fatigue, les privations. Je voudrais lui dire que le débarquement va réussir, que la victoire des Alliés est certaine, que l'horreur de la guerre va finir. Mais que va-t-il advenir de Jean-Jean ? Cela, les livres d'histoire ne le disent sûrement pas... Et pour elle, quel bonheur pourra apporter la victoire si Jean-Jean ne revient pas ?

Soudain, la rue s'emplit de ronflements de moteurs et de cris :

– Öffnen Sie ! Schnell ! Ouvrez ! Vite !

– Les Allemands ! s'écrie Mado. Ils ont repéré le parachutage !

On entend cogner à la porte de chez les voisins. De nouveau, Karim se dirige vers la grange. Il ne se distingue pas par le courage celui-là ! Vraiment, il ne fait pas le poids !

– Le parachute ! Vite ! s'écrie Mado.

C'est la panique dans la cuisine. Où cacher cet amas de tissu blanc, ces sangles, ce harnais ? Les Allemands fouillent les maisons. Si jamais ils trouvent le parachute, nous serons… c'est affreux… nous serons…

– Öffnen Sie ! Schnell !

Cette fois, c'est à la porte de chez Mado que résonnent les ordres. La terreur ouvre un trou béant dans mon cœur. Nous serons… fusillés ! Je m'appuie contre le mur tellement je tremble. C'est alors que Double-Dose pose une question complètement ahurissante :

– Qui va être la plus belle, ce soir ? Toi, Léa ?

Est-ce que ma copine est devenue folle ? Ou bien quitte à finir, autant finir en beauté, c'est peut-être ce qu'elle pense ? À moins que… Soudain, je comprends ce qu'elle veut faire. C'est une idée de génie ! Et en même temps, je tiens l'occasion pour que Fifi ne me traite plus de mouflette (enfin, si on s'en sort, évidemment).

– Pas Léa, dis-je. Prends Fifi !

Et je la pousse vers Double-Dose en lui glissant à l'oreille :

– C'est le moment ou jamais pour qu'il te remarque !

– Vite, enlève ton pull ! s'écrie ma copine. Mado, une boîte d'épingles ! Les autres, jouez aux cartes !

Quand les Allemands font irruption dans la pièce, ils découvrent une scène étrange : autour de la table, un groupe d'enfants joue aux cartes, bravant le couvre-feu. Ce qui est beaucoup moins grave que de cacher un parachutiste. Dans un coin de la cuisine, une femme, épingles à la main, ajuste une robe de mariée sur une très jeune fille. C'est Fifi, parfaitement immobile. Sous la robe – en fait, la toile du parachute – sont cachés les sangles et le harnais.

Sur un ordre de leur chef, les soldats mettent la maison sens dessus dessous, avec des hurlements de bêtes sauvages. La guerre transforme les hommes en brutes. Mme Ygrèk et Mme Zède ont raison : il faut absolument faire la paix. La grange n'échappe pas à la fouille. Si Karim était allé s'y cacher, quelle catastrophe ! Pendant ce temps, le chef nous examine d'un œil méfiant. Léa bat des cils, signe d'émotion. Le Tondu se tortille sur sa chaise, comme quand Mme Ygrèk l'interroge. Karim essaie de se faire tout petit. Double-Dose range ses cartes l'air assuré, mais ses mains tremblent. Flip tient tête courageusement. D'Artagnan se concentre, prenant le jeu très au sérieux. Quant à moi, je me dis que je n'aurai peut-être plus droit qu'à un seul carambar, le carambar du condamné !

Aux questions du chef allemand, Mado répond que nous sommes ses neveux et nièces venus assister au mariage de sa fille. Affectueusement, elle relève les cheveux de Fifi et les lui attache avec un peigne, la coiffant à la mode de l'époque. Le visage de Fifi apparaît. Pourquoi se cache-t-elle derrière ses cheveux ? Elle est réellement jolie. Et Flip s'aperçoit enfin qu'elle existe. Il ne la quitte plus des yeux. Ça a marché ! Je suis toute fière de mon idée !

Où est caché le parachute ?

Mais l'Allemand n'est pas convaincu par les réponses de Mado. Il saisit brusquement Karim par le bras, le soulève de sa chaise et s'écrie :

– Et celui-là ? D'où sort-il ? C'est pas de la famille, hein, avec son teint bronzé ?

Cette fois, c'est à Karim que s'applique la loi du plus fort. Mais Mado s'approche de lui et passe un bras autour de ses épaules pour le protéger. Elle regarde l'officier allemand droit dans les yeux :

– C'est le fils d'un ami. Son père est prisonnier de guerre et sa mère est morte. Je l'ai recueilli. Il est comme mon fils.

Les soldats réapparaissent, toujours courant, toujours hurlant : ils n'ont rien trouvé. Sur un ordre de leur chef, ils se précipitent dehors. On les entend envahir la maison voisine. L'officier jure un bon coup, nous jette un dernier regard et sort à son tour. Mado ferme doucement la porte et tombe assise sur une chaise. L'émotion lui a coupé les jambes.

– Pourvu que Jean-Jean et le parachutiste leur échappent !

Double-Dose s'approche d'elle et tente de la rassurer :

– Ils ont de l'avance. Je suis sûre qu'ils vont s'en sortir.

Puis c'est Karim qui bredouille à Mado :

– Je… Merci… Et toi, dit-il à Double-Dose, tu es une fille super !

Plus question de belette… Double-Dose n'est pas rancunière. Elle serre la main de Karim qui ajoute :

– Tu as raison, les filles, ça compte pas pour du beurre.

En voilà un qui redevient humain. Et tolérant. La guerre n'est pas une fatalité. On progresse à petits pas vers la paix…

– Bon, on la finit, cette partie de cartes ? s'écrie D'Artagnan. Pour une fois que j'ai un bon jeu !

6

Dehors, plus un bruit. Les Allemands ont disparu. Les gens se sont enfermés à double tour. Tout est retombé dans le silence. Dire que bientôt ce sera un déchaînement de violence avec des milliers de soldats alliés lancés à l'assaut des côtes de Normandie !

– Alors, Crème-Baba, tu joues ? C'est à toi.

Tandis que nous attendons le retour de Jean-Jean, la partie de cartes continue. Mais j'ai la tête ailleurs.

– C'est quoi déjà, l'atout ? Caramb… euh, cœur ou pique ?

Personne ne me répond. Mado s'est levée. Elle a entendu quelque chose. Brusquement, la porte de la grange s'ouvre et Jean-Jean entre dans la pièce, l'œil brillant d'excitation.

– Ham and jam ! Ham and jam ! s'écrie-t-il, transporté de joie.

– Jambon et… confiture ? traduit Léa, étonnée.

Drôle de menu ! Je n'ai jamais essayé un

pareil mélange. Ça doit faire partie des horreurs de la guerre.

– Ham and jam ! répète Jean-Jean. C'est le signal radio pour annoncer la prise du Pegasus Bridge par les Alliés.

Et il raconte comment il a guidé le parachutiste anglais en évitant les sentinelles allemandes, comment ils sont arrivés jusqu'au pont où une demi-douzaine de planeurs avaient déjà atterri. En moins d'une demi-heure, le major Howard et ses hommes, dont notre parachutiste faisait partie, ont anéanti la garnison allemande qui protégeait le pont.

– C'est la première victoire du débarquement, dit Jean-Jean d'une voix qui tremble.

Des larmes de joie coulent des yeux de Mado. Mais ce n'est pas le moment de s'attendrir.

– Maintenant, ça va taper dur ! Ça va chauffer pour de bon ! Il faut prévenir les gens du village.

Jean-Jean déplie un tract lâché par les avions qui commencent à survoler le rivage :

Message urgent du commandement des Forces Alliées :

Les armées de l'Air alliées vont s'attaquer aux voies de communication.

Il faut vous éloigner avec votre famille.
Partez immédiatement !
N'encombrez pas les routes !
Prenez à travers champs !

À peine a-t-il fini de lire le tract qu'on entend au loin un vrombissement sourd, suivi d'explosions et de tirs d'obus. Mado ouvre la fenêtre. Les traînées lumineuses des fusées éclairantes glissent dans le ciel sous des nuages bordés de rouge. Le bruit du canon ne cesse de s'intensifier et le ciel s'embrase de plus en plus.

– Mado et moi, on va organiser le départ des gens du village ! s'écrie Jean-Jean. Vous, les enfants, filez par la grange et les carrières.

Soudain, un avion en flammes surgit du ciel et fonce droit sur la maison.

– Fuyez ! hurle Mado.

Nous nous précipitons vers la grange. L'avion rase la maison et tombe juste derrière. Une énorme explosion nous secoue, les munitions à bord de l'avion prennent feu et crépitent, les flammes nous lèchent le visage. En ombres chinoises, je distingue Mado et Jean-Jean qui s'enfuient dans les rues du village. Ils sont sauvés ! Et le pilote ? Pourvu qu'il ait pu s'éjecter à temps ! Alors quelque chose explose dans un bruit assourdissant. Une bombe ! Le monde se transforme en un chaos indescriptible, des débris enflammés traversent la nuit, une pluie d'étincelles me pique le visage et les mains. Je m'enfuis en hurlant. Je n'ai plus qu'une idée : courir à perdre haleine, échapper à cet enfer de flammes et de bruit…

Me voilà seule, dans une galerie inconnue. Tout est silencieux. Où suis-je ? Et mes copains, que sont-ils devenus ? Je suis soulagée d'avoir échappé à la guerre, mais si c'est pour me perdre au fond d'une carrière où personne n'aura l'idée de me chercher, je ne suis pas plus avancée. Une petite vérification dans mes poches : il ne me reste que trois carambars. Pas de quoi tenir très longtemps !

Derrière moi, c'est le noir total. Brrrrr ! Devant, j'aperçois une lueur bleutée. C'est à peine plus rassurant… Je choisis le moindre mal, la lueur bleutée. Au fur et à mesure que j'avance, le sol devient plat et lisse comme un miroir. Les détours de la galerie cessent et me voici dans un couloir qui part en droite ligne vers l'infini. À intervalles réguliers, des colonnes de lumière bleue surgissent du sol. J'ai l'impression de flotter dans un univers aquatique. Une des colonnes de lumière se déforme soudain : elle enfle, se tord, et il en sort une femme en robe longue et un homme en chapeau haut-de-forme, tout auréolés de bleu, comme si leur corps était lumineux. Dans quel couloir du temps me suis-je égarée ? Je m'approche.

– Mon cher Alfred, dit la femme, les guerres sont plus célèbres et plus étudiées que la paix ! Regardez les livres de nos écoliers : on n'y parle que de batailles !

– Vous avez raison, chère Bertha, répond l'homme. Il faut que cela change. J'ai une idée…

Voilà des gens que Le Tondu aimerait rencontrer : ils discuteraient du waromètre et qui sait, ils pourraient peut-être l'améliorer ? Ou bien Double-Dose, qui rêve de devenir médecin, pourrait inventer un médicament pour aider les gens à comprendre le point de vue de l'autre,
une sorte de patch à paix… 22

J'essaie d'entrer en contact avec Alfred et Bertha, mais ils continuent à parler entre eux sans m'accorder la moindre attention. Ma main

qui se tend vers eux ne rencontre que le vide. Est-ce que ce sont des fantômes ? En tout cas, pas des fantômes normaux avec draps et chaînes. Soudain, ils passent par toutes les couleurs de l'arc-en-ciel et disparaissent. C'était
des hologrammes ! Je reste seule face à un pan 23
de mur sur lequel je reconnais la photo de Bertha accompagnée d'une notice. En titre : *Baronne Von Suttner*. En sous-titre : *Die Waffen nieder !* Avec sa traduction : *À bas les armes !* Je n'ai pas le temps d'en lire plus. La galerie s'emplit d'une foule de gens ou plutôt d'hologrammes venus du monde entier. Chacun porte un badge avec son nom, et parfois une date ou un slogan. Une femme vient du Guatemala, Rigoberta Menchu ; deux autres arrivent d'Irlande, Betty Williams et Mairead Corrigan ; un noir arrive d'Amérique, Martin Luther King ; une femme nommée Jody Williams porte une pancarte protestant contre les mines anti-personnel. Tous se réunissent sous un panneau annonçant : *Prix Nobel de la paix*. Alfred et Bertha réapparaissent sur une estrade, et la foule applaudit en criant :

– Vive Alfred Nobel ! Vive la paix !

J'applaudis moi aussi de toutes mes forces et

soudain, le bruit de mes mains frappant l'une contre l'autre résonne comme dans un puits. La galerie à lumière bleue a disparu dans les méandres du temps. Je suis de nouveau seule. Et j'ai froid. Un courant d'air me balaie le visage. Un courant d'air ? Alors il y a une sortie quelque part ! J'avance à tâtons, le visage face au filet d'air frais. Il est de plus en plus fort. J'approche sûrement de quelque chose. Je perçois un murmure. Enfin, quelqu'un ! Une bouffée de joie me submerge. Mes jambes allaient se mettre à courir quand une voix intérieure m'arrête :

– Halte là, Crème-Baba ! Qu'est-ce qui t'attend ? Fantômes ? Hologrammes ? Nazis ? Résistants ? Un peu de prudence s'impose.

C'est alors que j'entends crier mon nom :

– Crèèèèème-Babaaaaa !

– Pas la peine de hurler, Le Tondu. Si elle était là, elle aurait répondu depuis longtemps !

Mes copains ! Ce sont mes copains ! Je suis tellement émue que ma voix reste coincée dans ma gorge. Je m'approche et je réponds avec un drôle de bruit, du genre coassement de grenouille enrhumée.

– Tiens, remarque D'Artagnan, voilà une

Qui a inventé le prix Nobel de la paix ?

copine pour Cocoax !

– Coa ! Coa !

– C'est moa, dis-je enfin, c'est moa... Euh, je veux dire, c'est moi !

C'est bon de les retrouver tous ! Au moment où la bombe a explosé, ils ont fui en tous sens. À force d'errer dans les carrières, ils ont fini par se retrouver. Il n'y avait plus que moi qui manquais à l'appel. Maintenant, les quatre tandems sont au complet.

– C'est très joli, dit Double-Dose. Mais comment sort-on de ces carrières ?

– C'est pas le tout de sortir, remarque Léa, encore faut-il sortir au bon moment.

– C'est-à-dire ?

– De préférence le moment où Mme Zède et Mme Ygrèk nous font visiter le Mémorial... À moins que tu ne préfères juin 1944 ?

Un frisson me parcourt tout entière. Nous sommes doublement prisonniers : dans l'espace et dans le temps !

7

Huit visages en cercle autour du waromètre : le petit écran de l'appareil est le seul point de repère lumineux dans un océan de ténèbres. Personne ne sait vers où se diriger pour échapper au piège des carrières. Les uns veulent aller d'un côté, les autres de l'autre. Je vois l'aiguille du waromètre monter insensiblement vers la zone rouge… Décidément, la paix n'est pas encore acquise entre les sixièmes et les troisièmes !

– Regardez… murmure soudain Fifi.

Toutes les têtes se tournent dans la direction qu'elle vient de montrer. Une lueur rougeâtre danse dans l'obscurité et s'avance lentement vers nous. Si c'était des espions allemands ? Instinctivement, nous nous plaquons contre les parois, disparaissant ainsi dans les ténèbres. Plus un souffle. Plus un bruit. Sauf dans ma poitrine où ça cogne à grands coups. Peu à peu, la lueur grandit. Je distingue maintenant des centaines de bougies qui avancent en procession. Autour

de chaque flamme dorée, un halo rouge. Et derrière le halo, indistincts, des visages amaigris aux yeux immenses et désespérés. Il y a des hommes, des femmes, des enfants. Les uns portent les uniformes rayés des prisonniers, les autres leurs vêtements de ville, mais presque tous portent, cousus sur leur poitrine, une étoile jaune. Le fleuve des déportés coule indéfini- 24
ment, dans un silence de mort, au-delà des larmes. Toutes ces vies arrachées, toutes ces vies brisées… Le poids du malheur m'étouffe. Jamais je n'ai ressenti une telle émotion. Plus qu'avec les bombes, je vois là le pire visage de la guerre.

Quand les lumières ont disparu, nous nous regroupons autour du waromètre. Cette fois, l'aiguille reste dans la zone verte. Il faut croire que dans les moments difficiles, la solidarité prend le dessus. Mais… mais… il manque quelqu'un ! Nous ne sommes plus que sept !

– Fifi ! Fifi a disparu ! s'exclame Flip d'une voix angoissée.

Un gémissement nous alerte. Fifi s'est laissée glisser par terre.

– C'est… c'est l'émotion… murmure-t-elle.

– Pas étonnant ! s'exclame Karim. Ça tient pas le coup les be…

Double-Dose lui lance une bourrade.

– Euh… se reprend Karim. J'ai rien dit !

– Ça vaut mieux !

– Il lui faudrait un remontant, dit Flip en soutenant la tête de Fifi.

– Il me reste un ou deux carambars, dis-je.

Fifi accepte le carambar et me remercie d'un sourire. Depuis l'épisode du parachute transformé en robe de mariée, elle me regarde avec sympathie. Et maintenant, on a toutes les deux les doigts collants. Notre tandem va finir par fonctionner, lui aussi !

Flip prend une décision : il va partir en reconnaissance. Il veut coûte que coûte trouver un moyen de nous sortir de là et… de sauver Fifi. Moi, je trouve ça très romantique.

L'attente ne dure pas très longtemps. Le prince charmant revient au galop sur un cheval vert foncé, les mains noires de cambouis… Enfin, quand je dis cheval, c'est une image. En fait, il s'agit d'une jeep.

– Où l'as-tu trouvée ? s'étonne Karim.

– En panne au bord d'un fossé, répond Flip. J'ai bidouillé le moteur, et voilà !

Flip essuie ses mains et aide Fifi à monter. Nous nous entassons dans le véhicule et Flip met les gaz. Le moteur ronfle. Je me cramponne à Double-Dose qui se cramponne à Karim, qui se cramponne à D'Artagnan qui se cramponne au pare-brise.

– Coa ! Coa ! braille Cocoax en guise de klaxon.

Et la jeep fonce, les phares trouant la nuit. Comme sorties d'un film noir et blanc, des images saccadées s'impriment sur ma rétine : explosions de bombes, soldats hurlant, ruines fumantes, chars montant à l'assaut… Soudain, nous sommes pris dans un tourbillon. La jeep tourne sur elle-même à une vitesse folle, nous sommes secoués comme dans une capsule de cosmonaute, les cris de mes copains me vrillent les tympans, mes yeux vont sortir de leurs orbites, mon corps se tord et s'éparpille en pièces détachées, je sombre dans l'infini du temps…

– Haaaaaa ! Ils sont fous, tout simplement !

– Hooooo ! Comme je disais !

Qui a trouvé la jeep ?

Ces voix… Il me semble que je les reconnais… J'ai dû les entendre il y a très longtemps… J'émerge péniblement d'un univers de coton, et j'ouvre les yeux. C'est tout flou. Peut-être que je suis très vieille… Au moins quarante ans… Peut-être qu'il me faudrait des lunettes…

– Ha ! En voici une qui revient à elle !

La mise au point finit par se faire toute seule. Ma copine Double-Dose n'a pas une ride. Cocoax essaie de réveiller D'Artagnan à grands coups de langue. Alors c'est vrai ! Je suis bien de retour au XXIe siècle ! Et au beau milieu du Mémorial de Caen ! Avec, au ras du pare-chocs de la jeep, Mme Ygrèk et Mme Zède ! Il paraît qu'il y a eu un court circuit, des explosions et une panne électrique avec début d'incendie. D'ailleurs, le moteur de la jeep fume encore. Le Mémorial a été évacué. On nous cherchait partout. Où étions-nous passés ?

– Euh… On approfondissait la visite, sur le thème de la guerre et de la paix, déclare Léa.

– Ce n'est pas une raison pour monter sur les véhicules exposés dans le Mémorial ! s'écrie Mme Ygrèk.

– De toute façon, c'est l'heure du pique-nique, ajoute Mme Zède.

Nous rejoignons les deux classes à l'extérieur du musée. Elles sont installées dans le parc dédié au souvenir des Américains et des Canadiens qui se sont battus en Normandie. Fifi a de nouveau des couleurs. Sans doute aussi a-t-elle retrouvé confiance en elle car elle ne se cache plus le visage derrière ses cheveux. Apparemment, l'amour, ça réconcilie avec la vie ! Quant à Flip, il trouve le chemin de la paix avec D'Artagnan en offrant quelques chenilles à Cocoax.

– C'est une bonne bête, dit-il. Elle a fait un super klaxon !

– Coaaaa ! Coaaaa !

– Finalement, elle a bien aimé le petit tour en engin motorisé. Et toi, tu es un as du volant, répond D'Artagnan, sans rancune.

Les bâtiments du Mémorial étant sécurisés, nous avons l'autorisation de participer l'après-midi aux ateliers de la Paix. J'apprécie particulièrement la tradition du ho'o pono-pono à Hawaï : pour faire la paix quand il y a eu violence, les deux camps se rassemblent et parlementent jusqu'à ce qu'on trouve une réparation qui satisfasse les deux parties. Les conquérants pourraient s'en inspirer s'ils n'étaient pas obsédés par l'idée de se battre pour dominer le monde !

Lors du voyage de retour, Mme Ygrèk et Mme Zède échangent leurs impressions :

– Tout simplement, ça a marché !

– La paix, c'est possible, comme je disais ! Il faut seulement faire l'effort de se connaître.

Et en effet, dans le car, l'ambiance est excellente : les sixièmes et les troisièmes se sont enfin mêlés les uns aux autres. Et si le niveau sonore a augmenté, c'est le signe non d'un conflit mais d'une paix joyeuse. D'ailleurs, le waromètre du Tondu est au beau fixe !

1
survolté
Très excité.

2
en **tandem**
À deux.

3
un **batracien**
Mot général désignant grenouilles, crapauds, salamandres…

4
une **molette**
Petite roue servant à actionner un mécanisme.

5
un **waromètre**
Mot inventé. Appareil à mesurer les tendances guerrières (en anglais, *war* = guerre).

6
un **peace-maker**
Mot inventé. Appareil à faire la paix (en anglais, *peace* = paix ; *maker* = qui fait).

7
des **roquettes**
Fusées de guerre.

8
des **vociférations**
Paroles très fortes, dites avec colère.

9
s'époumoner
Crier très fort à s'en essouffler.

10
un **grésillement**
Suite de petits craquements.

11
oppressé
Qui respire mal à cause de l'angoisse.

12
des machines **synchronisées**
Qui fonctionnent en même temps.

13
la **croix gammée**
Insigne des nazis.

les **nazis**
Membres d'un parti allemand coupables de crimes contre l'humanité pendant la Seconde Guerre mondiale.

14
filer doux
Obéir sans résister.

15
une **huche à pain**
Meuble de bois
où l'on conservait le pain.

16
flageoler
Trembler sous
le coup de l'émotion.

17
démanteler
Désorganiser ou détruire.

18
une **machine Enigma**
Machine à émettre
des messages codés,
utilisée pendant
la Seconde Guerre
mondiale.

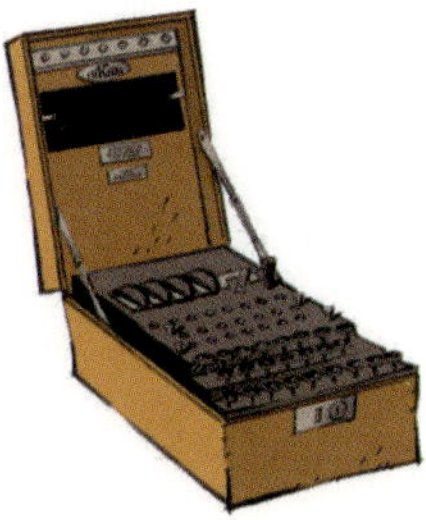

19
kaki
Vert-brun.

20
des **sangles**
Bandes solides, larges et
plates, en cuir ou en toile,
qui servent à maintenir.

21
un **harnais**
Ici, ensemble de sangles
qui attachent le parachute
au parachutiste.

22
un **patch**
Timbre qu'on colle
sur la peau et qui diffuse
un médicament.

23
un **hologramme**
Image en relief obtenue
avec des faisceaux lasers.

24
l'**étoile jaune**
Insigne que les nazis
obligèrent les juifs à
porter pendant la Seconde
Guerre mondiale.

des **déportés**
Personnes déplacées
et envoyées dans
des camps de
concentration.

Les aventures du rat vert

- 1 Le robot de Ratus
- 3 Les champignons de Ratus
- 6 Ratus raconte ses vacances
- 8 Ratus et la télévision
- 15 Ratus se déguise
- 19 Les mensonges de Ratus
- 21 Ratus écrit un livre
- 23 L'anniversaire de Ratus
- 26 Ratus à l'école du cirque
- 29 Ratus et le sapin-cactus
- 36 Ratus et le poisson-fou
- 40 Ratus et les puces savantes
- 46 Ratus en ballon
- 47 Ratus père Noël
- 50 Ratus à l'école
- 1 Ratus chez le coiffeur
- 2 Ratus et les lapins
- 9 Ratus aux sports d'hiver
- 13 Ratus pique-nique
- 23 Ratus sur la route des vacances
- 27 La grosse bêtise de Ratus
- 38 Ratus chez les robots
- 41 Ratus à la ferme
- 46 Ratus champion de tennis
- 8 La classe de Ratus en voyage
- 12 Ratus en Afrique
- 16 Ratus et l'étrange maîtresse
- 26 Ratus à l'hôpital
- 29 Ratus et la petite princesse
- 31 Ratus et le sorcier
- 33 Ratus gardien de zoo
- 47 En vacances chez Ratus

Les aventures de Mamie Ratus

- 7 Le cadeau de Mamie Ratus
- 39 Noël chez Mamie Ratus
- 3 Les parapluies de Mamie Ratus
- 8 La visite de Mamie Ratus
- 31 Le secret de Mamie Ratus
- 5 Les fantômes de Mamie Ratus

Ralette, drôle de chipie

- 10 Ralette au feu d'artifice
- 11 Ralette fait des crêpes
- 13 Ralette fait du camping
- 18 Ralette fait du judo
- 22 La cachette de Ralette
- 24 Une surprise pour Ralette
- 28 Le poney de Ralette
- 38 Ralette, reine du carnaval
- 45 Ralette, la super-chipie !
- 51 Joyeux Noël, Ralette !
- 4 Ralette n'a peur de rien
- 6 Mais où est Ralette ?
- 20 Ralette et les tableaux rigolos
- 44 Les amoureux de Ralette
- 48 L'idole de Ralette
- 11 Ralette au bord de la mer
- 34 Ralette et l'os de dinosaure

Les histoires de toujours

- 27 Icare, l'homme-oiseau
- 32 Les aventures du chat botté
- 35 Les moutons de Panurge
- 37 Le malin petit tailleur
- 41 Histoires et proverbes d'animaux
- 49 Pégase, le cheval ailé
- 26 Le cheval de Troie
- 32 Arthur et l'enchanteur Merlin
- 43 La légende des santons de Provence
- 49 Les malheurs du père Noël
- 52 À l'école de grand-père
- 21 L'extraordinaire voyage d'Ulysse
- 27 Robin des Bois, prince de la forêt
- 36 Les douze travaux d'Hercule
- 40 Les folles aventures de Don Quichotte
- 46 Les mille et une nuits de Shéhérazade
- 49 La malédiction de Toutankhamon

Super-Mamie et la forêt interdite

- 42 Super-Mamie et le dragon
- 43 Le Noël magique de Super-Mamie
- 44 Les farces magiques de Super-Mamie
- 48 Le drôle de cadeau de Super-Mamie
- 39 Super-Mamie, maîtresse magique
- 42 Au secours, Super-Mamie !
- 45 Super-Mamie et la machine à rétrécir
- 50 Super-Mamie, sirène magique
- 37 Le mariage de Super-Mamie
- 39 Super-Mamie s'en va-t-en guerre !

L'école de Mme Bégonia

- 11 Drôle de maîtresse
- 14 Au secours, le maître est fou !
- 16 Le tableau magique
- 25 Un voleur à l'école
- 33 Un chien à l'école
- 47 Bonjour, madame fantôme !

La classe de 6^e^

- 14 La classe de 6e et les hommes préhistoriques
- 17 La classe de 6e tourne un film
- 24 La classe de 6e au Futuroscope
- 30 La classe de 6e découvre l'Europe
- 35 La classe de 6e et les extraterrestres
- 42 La classe de 6e et le monstre du Loch Ness
- 44 La classe de 6e au Puy du Fou
- 48 La classe de 6e contre les troisièmes

Collection Ratus Poche

Collection Ratus Poche

Les imbattables

- 54 La rentrée de Manon
- 55 Le chien de Quentin

Baptiste et Clara

- 30 Baptiste et le requin
- 35 Baptiste et Clara contre le vampire
- 37 Baptiste et Clara contre le fantôme
- 40 Clara et la robe de ses rêves
- 51 Clara et le secret de Noël
- 53 Les vacances de Clara
- 22 Baptiste et Clara contre l'homme masqué
- 32 Baptiste et le complot du cimetière
- 38 Clara superstar
- 41 Clara et le garçon du cirque
- 43 Clara, reine des fleurs
- 45 Clara et le cheval noir

Les enquêtes de Mistouflette

- 9 Mistouflette et le trésor du tilleul
- 30 Mistouflette sauve les poissons
- 34 Mistouflette et les chasseurs
- 5 Mistouflette et les tourterelles en danger
- 24 Mistouflette enquête au pays des oliviers
- 1 Mistouflette contre les voleurs de chiens
- 7 Mistouflette et la plante mystérieuse

Hors séries

- 2 Tico fait du vélo
- 4 Tico aime les flaques d'eau
- 12 Le bonhomme qui souffle le vent
- 25 Sino fête son anniversaire
- 31 Les monstres de l'espace
- 33 Attaque dans l'espace
- 7 Mon copain le monstre
- 19 Le petit dragon qui toussait
- 28 Nina et le vampire
- 34 Les pirates de l'espace
- 2 Les malheurs d'un pâtissier
- 3 Karim et l'oiseau blanc
- 4 Timothée et le dragon chinois
- 6 Le facteur tête en l'air
- 9 Romain, graine de champion
- 10 Le trésor des trois marchands
- 15 Une nuit avec les dinosaures

Conception graphique couverture : Pouty Design
Conception graphique intérieur : Jean Yves Grall • mise en page : Atelier JMH

Imprimé en France par Pollina, 85400 Luçon - n° L41129
Dépôt légal n° 73966 - septembre 2006